KB201150

! ,

일러두기

● 이 책은 남포교회 유튜브 채널 'LAMP HUB'에서 방송한 〈박영선 목사님과의 대화〉 중
　일부를 글로 펴낸 것입니다.
● 이 책에서는 개역개정판 성경을 인용하였습니다.
● 본문에 〈　〉로 표기된 것은 도서를 가리킵니다.

미안해, 잘해 볼게!

2021년 11월 16일 초판 1쇄 인쇄
2021년 11월 30일 초판 1쇄 발행

지은이 박영선, 윤철규
기획 강선, 윤철규
편집 문선형, 정유진
디자인 잔
마케팅 강동현
경영지원 김내리
펴낸이 최태준
펴낸곳 무근검

주소 서울특별시 송파구 올림픽로 4길 17, A동 301호
홈페이지 www.facebook.com/lampbooks
이메일 book@lamp.or.kr　　　**전화** 02-420-3155
등록 2014. 2. 21. 제2014-000020호
ISBN 979-11-87506-76-8 (00230)

무근검은 남포교회출판부의 새로운 이름입니다.
무근검은 '하나님의 영광은 무겁고 오래된 칼과 같다'라는 뜻입니다.

미안해 —— ,

잘해볼게 —— !

박영선에게 묻다

박영선 윤철규 지음

무근검

진전된 이해와 실력으로 나아가는 신앙

이 책은 신자들의 다양한 신앙 고민들을 질의응답 형식으로 함께 이야기 나눈 것입니다. 이 질문들은 신학이나 사상 같은 거창한 이름을 붙이기에는 작고 사소한 문제처럼 보입니다. 그러나 우리가 삶에서 풀고 넘어가야 할 현실적 질문들이 여기 담겨 있습니다.

질문들을 대하기에 앞서 몇 가지를 먼저 짚고 넘어갑시다. 우리 마음속에는 '잘한 것'과 '잘못한 것'이라는 뿌리 깊은 이분법이 있습니다. 우선 이 이분법에 따른 판정을 넘어섭시다. 그러면 우리는 잘한 것과 잘못한 것의 구별을 다 통과하여 도달하게 되는 진전된 이해와 실력으로 나아갈 수 있을 것입니다.

또, 우리에게는 '왜 현실이 고단한가' 하는 물음이 있습니다. 우리의 신앙은 진정한 것이고 우리는 선한 소원을 갖고 있습니다. 하나님은 그런 우리를 외면하시는 것일까요.

신앙을 인과응보로 설명하려는 것은 너무 일차적입니다. 은혜와 사랑이라는 기독교의 복음은 크고 깊은 것이어서 이 내용은 언제나 감사와 찬양으로 표현됩니다. 감사와 찬양은 고난을 면제해 주실 때 나오는 것이 아닙니다. 잘잘못을 따지는 것으로는 다 담기지 않는, 실패와 후회를 무대 삼아 펼쳐지는 작품이 있음을 깨달을 때, 감사와 찬양으로 노래하게 됩니다.

우리는 하나님의 목적이요, 기쁨입니다.
하나님의 일하심과 성실하심을 더 크게 기대하십시오.

박영선

이야기는 계속되어야 한다

참된 대화란 가능한 것일까요? 만일 대화가 '내 생각을 다른 이에게 그대로 전달하는 일을 목표로 하는 것'이라면, 그 일은 불가능합니다. 아무리 정확한 단어와 문장을 동원한다고 해도 내가 내 속에서 그린 그림과 상대가 내 말을 듣고 그리는 그림은 절대 같을 수 없겠죠. 직접 만나서 이야기를 나눌 때도 그러한데 하물며 인터넷에서 나누는 대화는 오죽할까요.

ㅇ

2021년 2월 18일 목요일 저녁 8시, 교역자실 옆 자그마한 사무실에서 유튜브 라이브 첫 방송을 시작했습니다. 제가 카메라를 설치하고 영상 구도를 잡은 후에 사회를 맡았고, 청년1부를 담당하는 최충만 목사님이 송출을 담당했습니다. 박영선 목사님은 사전에 이런 방송에 대한 충분한 설명을 듣지 못한 채 끌려(?)오셨습니다. 생각보다 많은 분이 접속하여 참여해 주셨고 박 목사님이 유튜브로 생방송을 하시는 상황을 반가워했습니다. 몇몇 분들은 적극적으로 질문해 주셨습니다.

첫 녹화라 시험용 방송 정도로 생각했는데, 참여자들의 질문과 박 목사님의 대답은 무르익기 시작했습니다. 한참 이야기를 나누던 중에 방송이 잠시 끊기는 사고가 나기도 했지만, 원래 새로 하는 일은 다 그런 것이라며 격려해 주시는 박 목사님과 댓글로 괜찮다고 해 주시는 분들 덕분에 방송을 다시 이어 갈 수 있었습니다.

비전문가들이 유튜브 라이브 방송을 진행한 셈이니 부족한 점이 많았습니다. 그럼에도 이 방송을 제작할 수 있었던 이유는 신앙에 관해 고민하고 있는 많은 사람들과 그 고민에 함께 공감하며 대화할 수 있는 박 목사님이 있었기 때문입니다.

사실 박 목사님은 두말할 것 없이 설교로 가장 유명하시지만, 가까이에서 십수 년을 함께한 제 판단으로 목사님의 최고 장기는 대화라고 생각합니다. 함께 식사

하다가 툭 던지시는 질문, 여기저기 이동하는 차 안에서 슬쩍 건네시는 이야기를 듣다 보면 녹음기를 켜 놓지 않았던 걸 후회하게 됩니다. 성경이 말하고자 하는 핵심을 뛰어난 통찰력으로 거침없이 풀어내십니다. 영화나 드라마, 스포츠와 역사를 보는 시각 역시 탁월합니다. 예상 못한 곳에서 터지는 박 목사님의 이야기에 머리를 맞은 듯 충격에 빠진 적이 한두 번이 아닙니다. 그런 말씀을 시시때때로 들으며 영혼이 살찌고 뼈가 굵어지는 경험을 했습니다. 예전보다 풍성하고 넉넉해졌습니다.

○●

작년에 이어 올해도 우리 모두는 아주 특별한 일을 겪고 있습니다. 신체적 고립이 미덕이요, 의무인 시대를 살고 있죠. 직접 만나 대화를 나누는 일이 쉽지 않습니다. 그래서 많은 사람이 고립의 수렁에서 영영 헤어 나오기 어려워지기 전에 다양한 매체를 동원하여 '탈신체적' 의사소통에 열심을 냈는지도 모르겠습니다. 인터넷이나 각종 SNS가 예전보다 더 활성화되었습니다.

저는 SNS를 즐겨 하지 않는 사람이었습니다. 소통을 위한 매체라고 하지만 편견과 억측과 자기중심적 주장들로 넘쳐 나는 내용들이 너무 많다는 생각이 들었기 때문입니다. 그런데 어느 날 '박 목사님과 가까이에 있는 이들만 누려 왔던 감동과 유익을 좀 더 많은 사람과 누리면 어떨까?' 하는 생각이 들었습니다. '말이 안 되고 설익은 이야기가 가득한 온라인에서 들을 만한 이야기가 있어야 하지 않을까?'라는 생각에서였습니다.

우선은 이런 필요를 채워 줄 수 있는 화자라면 두 가지 조건을 갖추고 있어야 합니다. 그 이야기가 들을 만한 가치가 있어야 하고, 다음으로 새로운 환경에서 새로운 세대와 이야기 나누는 일을 즐길 수 있어야 한다는 것입니다. 여러 세대의 다양한 사람들이 실시간으로 던지는 질문 중에는 모호하거나 대답하기 곤란한 것들이 많기 때문입니다.

박 목사님은 젊은 세대에 관심이 많고 그들과 대화 나누기를 좋아하셨습니다. 십여 년 전에도 저보고 청년들을 좀 불러오라고 하셔서 친한 후배 두어 명을 데리고 갔던 일이 기억납니다. 함께 차 마시고 케이크를

먹으면서 젊은 친구들이 가진 생각과 고민을 주의 깊게 들으셨던 일이 떠오릅니다.

그래서 박 목사님께 유튜브 라이브에 대해 제안했을 때, 그게 무엇인지, 어떤 형식으로 하는 것인지 잘 모르셨겠지만 여러 사람과 대화할 수 있다는 점에 끌리셨는지 흔쾌히 응해 주셨습니다. 저 역시 많은 사람이 가진 신앙의 다양한 고민들을 들어볼 수 있는 계기와 박 목사님과 지근거리에서 나누던 유익한 대화를 온라인 공간에서 재현해 볼 수 있는 기회가 되어 즐거웠습니다. 사람들이 꺼내 놓은 신앙의 고민과 물음은 듣는 이가 공감하며 삶을 돌아보게 하고 함께 이야기하고 싶게 해 주었습니다.

○●○

우리가 나눈 대화들은 어쩌면 기독교 신앙 바깥에 있는 사람들에게는 한 종교에 심취한 사람들끼리 나누는 폐쇄적이고 자기만족적인 내용처럼 보일지 모르겠습니다. 사실 신앙 안에 있는 사람이 신앙 밖에 있는 사람들을 헤아리기란 쉬운 일이 아닙니다. 그래도 그 자리에서부터 대화를 시작하고 싶었습니다. 믿지 않는 사람의 처지에서 교회와 기독교 신앙을 바라보고, 교회로 한 걸음씩 다가가 문을 빼꼼히 열어 보고 처음 예배당 안으로 들어오면 느끼게 되는 낯섦을 염두에 두면서 신앙에 대해 친절히 설명해 드리고 싶었습니다.

문제는 기대한 만큼 대화가 수월하지 않았다는 점입니다. 처음에 말씀드렸듯 말하는 이와 듣는 이가 마음속에 그리는 그림이 다를 수밖에 없기 때문입니다. 저는 채팅창에서 많은 사람이 실시간으로 하는 질문을 대신 읽어 드리며, 때로는 기독교 입문자 편에 서서 박 목사님께 질문하며 대화를 보조했는데, 결코 쉽지 않은 일이었습니다. 사람들의 질문과 박 목사님의 대답이 평행선까지는 아니어도 지구를 일곱 바퀴는 돌아야 만날 수 있을 것 같은 궤적을 그린 적도 허다했습니다. 질문자들의 눈높이에 맞게 차근차근 설명이 되면 좋겠는데, 갑자기 단계를 건너뛴 이야기가 툭 하고 던져질 때도 많았습니다. 남산을 오르는 사람들을 보며 "등산하면 뭐가 좋아요?"라고 물었더니, 갑자기 엄홍길 대장이 나와서 히말라야의 고봉들을 정복한 이야기를 들려주는 것 같은 일이 벌어지기도 했습니다.

그래도 우리는 즐겁게 대화했다고 자부합니다. 동문 서답이어도 좋습니다. 나중에는 익숙한 질문자들끼리 서로 안부를 묻기도 하고, 누구의 질문에 다른 누가 대답하기도 했습니다. 적어도 함께한 모든 사람이 그 시간을 충분히 만끽하고 즐겼습니다.

이런 과정은 한 집에서 아이가 자라며 겪는 일과 매우 비슷합니다. 그저 그런 일상이 사람을 키웁니다. 어머니나 아버지의 말이 늘 논리적이고 체계적이어서 아이가 말을 배우게 되고, 인격과 지성을 갖추고 성품을 키워 가는 것이 아닙니다. 부모가 이야기하는 걸 보고, 부모의 말을 따라 하며 아이는 자라 갑니다. 우리 모두 그렇게 자랐습니다. 누구에게 투정 부리고, 대들고, 누구를 귀찮게 하고, 오해하면서 말이죠. 그러나 서로가 있다는 것, 이야기를 듣는 사람과 들려주는 사람이 있다는 자체가 중요합니다.

'박영선에게 묻다' 시리즈는 그런 우리의 대화를 활자로 남기려는 의도에서 시작되었습니다. 이 시리즈의 첫 책 《미안해, 잘해 볼게!》는 2월 18일과 3월 4일에 나눈 대화 중 일부를 추려 글로 다듬은 책입니다. 이 책이 독자에게 기독교 신앙의 언어를 익히는 한 방편이 되기를 바랍니다. 언어를 익혀야 그 언어가 지시하는 세계 안으로 들어가 풍성함과 자유와 복됨을 누릴 수 있겠지요.

한 세대에만 통용되는 이야기가 아닌 모든 세대에 통하는 이야기를 들려주고 듣는 일을 목격한 것은 경이롭고 영광스러운 경험이었습니다. 유튜브 라이브에 함께해 주신 분들에게 감사를 전합니다.

윤철규

차
례

1   미안해, 잘해 볼게! —016

2   저 이래도 괜찮을까요? —044

미안해, 잘해 볼게!

대화를 시작하며

윤 _ 여러분, 반갑습니다. 저는 Lamp Hub(남포교회 유튜브 채널)를 운영하는 윤철규 목사입니다. 박영선 목사님께 여러분이 평소 궁금해하는 신앙에 관한 질문들을 드린 후에, 목사님의 말씀을 듣는 시간을 갖고자 합니다. 목사님, 우리가 이런 대화를 나누는 일에 앞서 어떤 마음을 가지면 좋을까요?

박 _ 이렇게 온라인으로 만나서 이야기하는 일이 우리 모두에게 좋은 기회와 즐거운 시간이 되기를 바랍니다. 또 우리가 질문하고 답하고 논하는 모든 과정이 우리에게 도움이 되었으면 합니다. 명분이나 구호에 얽매이지 않고, 사람을 만나 진지한 대화를 나누는 일이 얼마나 보람되고 의미 있고 유익한가에 초점을 맞추고 싶습니다.

윤 _ 목사님께서는 어떤 마음으로 이 대화에 임하고 계신가요? 우리가 이 시간을 통해 좋은 대화를 나누려면 어떻게 해야 할까요?

박 _ 좋은 대화를 나누려면 좋은 내용을 생산적으로 나누어야 합니다. 여기에서는 주로, 기독교 신앙을 가진 분들과 대화를 나누게 될 텐데요, 하나님께서 모든 사람에게 신앙 여정을 기독교에서 출발하게 하지 않으시고 세상에서 출발하게 하신다는 사실을 기억해야 합니다. 이런 말이 신자들에게는 느닷없이 들릴 것입니다. 그러나 이런 전제가 비신자들과 신앙에 관한 대화를 나누는 일에 다소나마 공통점이나 접촉점을 갖게 한다고 생각합니다.

거기에서부터 출발하여 우리는 삶에서 겪는 여러 문제를 기독교 신앙 안에서 끌어안으며 답을 궁리할 것입니다.

종교란 무엇인가?

윤_ 일반적으로 신앙을 갖는다는 것은 어떤 의미일까요? 종교란 무엇일까요?

박_ '신앙'이란 단어의 사전적 의미는 기독교에만 해당하는 것이 아닙니다. 세상에는 많은 종교가 있습니다. 그 모든 종교에는 공통점이 있습니다. 사람들은 왜 종교를 가지고, 신을 믿을까요? 삶에서 행복을 누리고 의미를 찾고자 하기 때문입니다.

삶에서 의미를 찾는다는 것은 막연히 '행복하게 살자. 성공하자'라고 다짐하는 수준에 머무르지 않습니다. 우리가 우선 생각해 봐야 하는 문제가 있습니다. 삶에 관한 이야기를 시작하자마자 당장 이 논의를 방해하는 커다란 장애물 하나가 우리 앞에 등장합니다. 바로 죽음입니다. 죽음을 전제하지 않고는 삶을 이야기할 수 없습니다. 누구나 행복하고 의미 있게 살고 싶어 함과 동시에 죽음의 문제를 어떻게 이해하고 해결해야

하는가에 대한 질문 앞에 서게 됩니다. '죽음으로 끝나고 마는데도 살아야 한다면, 어떻게 살아야 하는가?'

종교란 주술적이고 기복적인 차원도 있지만, 조금 더 넉넉히 이해하면, 소원하지만 가질 수 없는 영혼의 그리움이나 갈증 같은 것입니다. 인간이 만들어 낼 수 없는 만족을 종교가 줄 수 있다고 기대하는 것입니다. 기독교는 그런 기대를 한껏 가져도 된다고 말합니다. 하나님은 우리가 상상도 못하는 복을 우리에게 주기 위해 당신의 아들을 보내셨다고 말씀하시니까요. 문제는 이 이야기가 너무 크다 보니, 사람들이 믿지 못하고 반감마저 품게 된다는 데 있죠.

윤＿ 서구 사회는 갈수록 세속화되고 무신론자가 늘고 있습니다. 유럽이나 북미 지역뿐만 아니라 우리나라도 기독교 인구가 매우 빠른 추세로 줄고 있다고 들었습니다. 인생에는 여전히 이성이나 합리성으로 설명이 안 되는 부분들이 있고 그에 대한 해답이 필요한데, 기독교 신앙이 그런 부분을 채워 주는 해답이 된다고 생각하십니까?

박 _ 일부 기독교인들은 이성과 합리성을 강조하는 인본주의가 신본주의와 대치되는 개념이라고 생각하지만, 실상은 그렇지 않습니다. 인본주의는 중세 시대에 기독교가 권력을 폭력으로 행사하며 강요했던 종교 행위에 저항하면서 시작된 것입니다. 밤낮 공포에 떨면서 신을 섬기는 생활은 못하겠다, 인간은 그보다 가치 있는 존재다, 라며 돌아보게 된 것이 휴머니즘이고 계몽주의입니다. 이로 인해 인간의 가능성을 확인하면서 기대와 소망이 생겼는데, 문제는 신 없이도 행복할 수 있다는 데로 넘어간 것이었습니다. 그러다 인간이 유토피아를 만들 수 있다, 불가능은 없다, 라고 이야기했던 것이 20세기에 와 깨지면서 포스트모더니즘 시대가 되었습니다.

인간이 가진 모든 가능성이 결국 죽음으로 귀결된다는 무시무시한 현실의 도전을 극복하지 못하면, 그것은 진리일 수 없습니다. 죽음은 단지 소멸이 아닙니다. 우리 삶에 한계가 있다는 뜻입니다. 아무리 호화롭고 성공한 삶을 사는 것 같은 사람도 인생의 보람과 의미를 찾지 못하면 절망할 수밖에 없습니다. 그래서 자살이 일어나죠. 현실 속에는 늘 자폭이나 분노 같은 것이 있습니다. 공부를 잘하고 싶은데 잘 안되면 괜히 주먹을 휘두르는 겁니다. 그것은 특정한 대상을 향한 분노가 아닙니다. 인생을 스스로 제어할 수 없고, 더 나아지게 만들 수도 없다는 현실에 대한 자각에서 나오는 분노죠.

그런 분노와 자폭은 결국 하나의 물음으로 이어집니다. '정말 신이 있습니까? 신이 있다면 세상은 왜 이렇게 부조리합니까? 나는 왜 이 모양입니까?' 대다수의 동물들이 부모를 찾거나 도움이 필요할 때 울음소리를 내거나 비명을 지르듯이, 분노에 찬 이런 질문을 던지는 것은 인류의 보편적 현상이며 요구라고 생각합니다.

과거 서구에는 인간이 처한 이런 곤경을 인간 스스로 해결할 수 있을 거라는 기대를 품었던 이들이 상당히 있었습니다. 그 시대는 이성, 합리성, 낭만주의 같은 것들로 대표되는 시대입니다. 그러나 역사 속에서 그 모든 기획이 실패합니다. 결국 포스트모던 시대까지 왔습니다. 전에는 이것이 답이라고 했다가, 좀 지나서는 저것이 답이라고 했다가, 이제는 그 모든 것이 진정한 답이 될 수 없음을 깨달았습니다. 그러니 모든 것이 허망합니다. 이런 상황에서 사람들이 내세우는 최고의 조언은 '뭐가 됐든 각자 알아서 선택하고 책임져라'가 되어 버렸습니다. 군대에 징집되어 모든 훈련을 열심히 다 받았는데, 어느 날 갑자기 지휘관이 와서 '군대 해산! 각자 집으로!' 하면 얼마나 황당해요. 물론 집으로 가면 되지만, 집에 갔더니 집에서 또 '해산!' 그런 꼴이 됐죠.

역사가 인류의 시행착오를 증언하고 있습니다. 예를 들어, 착취당하던 노동자가 혁명을 이루어 권력을 쥐게 되면, 그 권력은 또 다른 노동자를 못살게 굽니다. 착취하는 자와 착취당하는 자가 뒤바뀔 뿐, 착취는 내내 이어집니다. 이 문제는 정치나 교육으로 해결되지 않습니다. 여기에는 반드시 종교가 들어와야 하는데, 역사가 증언하듯, 인간은 인간의 문제를 스스로 해결할 능력이 없기 때문입니다.

'그래서 기독교에는 어떤 답이 있는가?'라고 누가 묻

는다면, 굉장히 긴 답을 해야만 합니다. 이런 대화를 통해 기독교 신앙이 무엇인가를 천천히 더듬어 보시기 바랍니다.

교회의 비상식적 행동

윤 ― 비기독교인의 시선으로 목사님께 몇 가지 질문을 드리고자 합니다. 공간으로 표현하면, 교회 밖에서 시작해 교회 문을 통과하여 교회 안으로 들어가 보는 식으로 질문을 하겠습니다.

요즘 많은 사람이 개신교는 왜 정부의 방역 지침을 따르지 않고 무리하게 모여 코로나19 감염을 확산하냐는 성토를 많이 합니다. 사실 우리 모두가 난감한 상황인데요, 그런 질문에 어떻게 답하면 좋을까요?

박 ― 예배를 드릴 때 우리는 하나님의 임재가 실재한다고 믿습니다. 우리가 하나님 앞에 나와 앉아 있고, 하나님과 마주하고 있다는 것을 공동체의 대면 예배 속에서 실감하는 것이죠. 각각 흩어져 있을 때는 그 느낌이 아무래도 좀 희미합니다. 이것이 대면 예배를 고집하는 이유일 겁니다.

지금 물의를 일으키는 교회들은 예배를 경직되고 협소하게 이해하여 생명을 보호해야 하는 기본적 책임을 외면하고 있는데, 그런 행위를 신앙적 열심이라고 오해한 탓에 발생한 일로 보입니다. 이렇게 주변 존재를 자신의 존재와, 다른 이들의 행위를 자신의 행위와 분명하게 구별하고자 하는 종교적 열심 때문에 본질을 놓치는 일이 종종 발생합니다.

　자기들은 목숨을 건 신앙 행위라고 여기며 다른 이들에게 폭력을 저지르는 사건들도 마찬가지입니다. 이것은 종교의 문제이기보다 인간이 가진 본성의 문제라고 할 수 있습니다. 인간의 악한 본성이 종교와 결부될 때 어떻게 왜곡되는지 보여 주죠.

윤 _ 예를 들어, 제가 회사원이고 회사 동료들은 제가 교회에 다니는 걸 다 알아요. 그런데 누가, 어제 뉴스에 ○○ 교회에서 대면 예배를 강행했다가 확진자가 나왔다더라, 조사해 보니 방역 지침을 준수하지 않았다더라, 도대체 너희 개신교인들은 왜 그러냐, 하는 소리를 들으면 좀 억울하거든요. 우리 교회는 계속 비대면 예배를 드리고, 방역 지침도 열심히 지키는데 몇몇 교회 때문에 같이 욕을 먹는 것 같습니다.

박 — 같이 욕을 먹어야 합니다.

제가 미국에서 유학할 때 한국 유학생들이 곤란하게 구는 경우가 있었습니다. 당시 주변에서 "너도 한국인이지?"라고 물을 때 최악의 반응은 "난 아니야"라고 답하는 것이었습니다. 그냥 같이 욕을 먹어야 합니다. "나는 한국인이지만 달라." 굳이 이렇게 말할 필요가 없더라고요.

좀 변명같이 말하자면, 그런 비상식적 행위가 일어날 때는 꼭 기독교인이어서 그런 것이라기보다 어디에나 말 안 듣는 사람이 있다는 정도로 이해해 주시면 고맙겠습니다.

윤 — 비기독교인이 개신교에 대해 갖는 궁금증 중 하나는, 가톨릭은 정부에서 미사드리지 말라고 하면 다 지키는데, 왜 개신교는 제멋대로냐, 자정 능력이 없는 거 아니냐, 라는 것입니다. 이것을 어떻게 이해하면 좋을까요?

박 ─ 개신교는 종교 개혁으로부터 시작됐는데, 그 전에 서유럽의 기독교는 다 가톨릭이었습니다. 실제 양상은 훨씬 복잡했지만 거칠게 표현해서 교단이 하나뿐이었다고 이해해도 좋습니다. 그런데 중세 시대에 교회가 세상 권력을 가지는 바람에 신앙이라는 이름으로 법보다 더한 강제력을 휘둘렀습니다. 그에 따른 여러 부작용들이 있었죠. 그래서 시작된 종교 개혁의 핵심은 하나님과 인간 사이에 다른 매개란 필요하지 않다는 것입니다. 교회나 교역자가 구약 시대의 제사장처럼 매개가 되는 것이 아니라, 우리가 예수님으로 인하여 하늘 보좌 앞에 직접 나아갈 수 있게 된 것입니다. 개인에게 신앙과 발언에 대한 자유가 마음껏 주어진 셈입니다. 그러니 서로 강조하는 게 다르거나 마음에 안 들면 갈라섰죠. 그래서 수백 개의 교파가 생긴 겁니다. 각 개인이 하나님 앞에 자유를 부여받았다는 것을 인정하는 바람에, 획일적이고 통일적인 규제가 불가능해졌습니다.

하지만 우리의 신앙 세계를 살펴보면, 획일화된 것보다 다양한 것이 기독교 신앙을 훨씬 풍성하게 담아내는 것 같습니다. 교회에서는 그런 다양성을 서로 다르다며 차별하지 않고 조화되게 하자는 것이죠. 그런 의미에서 교회는 굉장히 다양하고 그래서 늘 소란할 수밖에 없습니다. 개신교 바깥에서 볼 때는 교회가 매우 혼란스러워 보일 수 있다고 생각합니다.

한국 교회의 수준에 대한 실망

윤＿ 전에도 한국 사회에 일어난 이런저런 일들로 교회의 평판이 떨어져 왔습니다. 그러다 코로나19 사태 이후, 한국 교회에 대한 신뢰도가 더욱 급격히 하락했습니다. 방역 지침을 어기고 문제를 일으킨 교회들 때문에 한국 교회가 감염 확산의 주범처럼 여겨지거나 인터넷에 떠도는 온갖 가짜 뉴스의 진원지로 여겨져 사람들에게 조롱거리가 되기도 합니다. 아무래도 교회에 다니는 사람이나 다니지 않는 사람이나 교회에 기대하는 것이 있는데, 요즘은 교회가 그 기대에 미치지 못하는 모습을 너무 많이 보여 주어서 사람들이 갖는 실망감이 매우 큰 것 같습니다.

박＿ 한국 교회는 아직 이런 위기에서 어떻게 해야 하는가에 대한 경험이 없습니다. 그간 한국 기독교 역사 속에서 우리가 겪은 일은 두 가지였습니다. 하나는 '순교'이고, 다른 하나는 '부흥'입니다.

순교에서는 '목숨을 걸 것이냐, 말 것이냐'가 가장 중요한 문제입니다. 순교 시대에는 순교를 이해할 만한 내용이 빈약해서 다만 치열하고 지극하게 정성을 다하는 것을 최고로 여겼습니다. 부흥은 기도하거나 기대하지 않았는데, 하나님이 주신 큰 은혜이자 승리였습니다. 부흥 시대의 선봉에 있던 분이 조용기 목사님입니다. 기독교 역사학자들이 20세기를 대표하는 사건으로 평가하는 오순절파의 약진, 성령 운동의 약진이 일어납니다. 그런데 조용기 목사님은 그 일이 일어나기 시작할 때 부흥을 간구한 것이 아니라 병을 낫게 해 달라, 굶지 않게 해 달라고 기도했을 뿐이라고 여러 번 간증했습니다. 우리는 부흥이 있었는지 몰랐습니다. 지금에 와서 기독교 역사학자들이 1905년에 평양에서 일어난 일에 '평양 대부흥 운동'이라고 이름을 붙이지만, 그때는 회개 운동이었지, 훗날 이렇게 많은 신앙적 열매가 맺힐 것이라고는 생각하지 못했습니다.

한국 교회는 부흥을 겪으면서 자신감을 갖게 되었습니다. 하나님이 우리의 실력을 넘어서는 일을 하신다는 경험과 믿음을 갖게 된 것입니다. 그러나 이것이 왜

곡되고 맙니다. 부흥이 일어난 일을 인과 관계로 설명하기 시작한 것입니다. 교회가 이렇게 했더니, 부흥이라는 결과가 나왔다는 식으로 말입니다. 그러자 한국 교회는 부흥에 따른 부작용을 겪습니다. 작은 교회 교인들은 목사에게 은혜가 부족해서 교회가 부흥이 안 된다고 하며 목사를 책망하는 일까지 생겼습니다. 그래서 당시 작은 교회를 이끌었던 목사님들은 안 해 본 게 없을 겁니다. 부흥으로 유명해진 교회들을 쫓아다니면서 그 교회에서 하는 프로그램도 다 해 봤고, 기도도 열심히 했고, 금식도 했습니다. 그러나 예전과 같은 부흥이라는 결과는 이제 없습니다. 교회는 시대를 불문하고 늘 생산과 성장이 있습니다. 그런데 부흥 시대는 그것과는 좀 다릅니다. 이해할 수 없는 열매가 맺힌 때였죠.

그러면 지금 우리는 뭘 해야 할까요. 오늘 우리가 내뱉듯 '이게 뭐야?' 하고 물어야 합니다. '어떻게 해야 해?'에 대한 답이 즉각 나온다면 지금 상황은 도전도 아니고, 질문이나 반성도 아닙니다. 우리가 가진 경험과 실력으로는 답을 내지 못해 모두 당황하고 있는 이 시간을 반드시 겪어 내야 합니다.

서구 교회가 부흥 이후에 어떻게 됐는지를 살펴보면, 잘 먹고 잘 살게 되어 봤자 아무 쓸데가 없다는 것을 알게 됩니다. 결국 성실하게 살면서 이웃을 섬기고 봉사하는 게 복이고 기쁜 일이다, 라는 것이 알맞은 답으로 보입니다. 그런데 이 질문에 쉽게 대답하지 않고, 난처한 상황을 어느 정도는 견뎌야 한다고 생각합니다. 지금은 앞이 보이지 않습니다. 요셉은 풀려날 때까지 눈앞이 캄캄한 채 지내야 했습니다.

윤__ 목사님 말씀처럼, 부흥 시대에 답으로 여기던 것들이 지금은 답이 되지 않아서 답답함을 느끼는 분들이 교회 안팎에 많다고 생각합니다. 우리도 답을 알 수 없어서 막막한데, 주변에서 자꾸 너희 기독교는 왜 그러냐고 책망하고 비난하는 얘기들을 계속 듣게 되니 난감합니다. 그런 이야기를 들을 때는 뭐라고 답해야 할까요?

박__ '미안해, 잘해 볼게' 그러세요. 내가 안 그랬다고 발뺌하지 마시고요.

기독교는 왜 독선적인가?

윤_ 비기독교인 친구들과 대화해 보면, 기독교에만 구원이 있다고 하는 것이 독선적으로 들린다고 합니다. 특히 상당수의 개신교인은 가톨릭이나 정교회도 인정하지 않고 개신교만 믿어야 한다고 주장합니다. 심지어 개신교 중에도 특정 교파에는 구원이 없고 자기네 교파에만 구원이 있다고 주장하는 사람들이 있습니다. 그런 상황에서 진리가 그렇게 편협한 거냐며 따지듯 묻는 이들을 종종 만납니다. 이런 문제에 대해 어떻게 생각하면 좋을까요?

박_ 학교에 다니는 학생이 우리 학교가 제일 좋다, 혹은 우리 학교는 이래서 좋다, 하고 이야기할 수 있습니다. 예를 들어, 어느 일류 대학에 다니는 학생이 자기네 학교가 가장 좋은 학교라고 주장할 수 있지요. 그런데 자기네 학교가 더 낫다는 것을 상대의 약점을 드러내는 방식으로 증명하려고 하면 문제가 생깁니다.

넓게 보면, 모든 종교는 인류가 겪는 보편적 고난과 벗어날 수 없는 인간의 운명에 대하여 위로를 건네고 있습니다. 기독교만이 그 문제를 해결할 수 있지요. 그러나 그 해결이 현실에서는 분명하게 보이지 않습니다. 예수를 믿는다고 훌륭해지거나 보상을 받지 않습니다. 그러다 보니 다른 종교나 교파를 비난하는 것으로 자기 정체성을 지키려는 신자들이 있습니다. 사람들은 어쨌든 종교인이면 보다 나은 사람이기를 바라는데, 종교를 가진 사람들이 험한 말을 더 많이 하고 사납게 구는 경우가 많습니다. 그게 참 불편합니다. 고귀한 가치를 말하는 종교인들이 사람들의 기대에 부응하지 못하는 일은 참으로 역설적입니다.

기독교 신앙 안으로 들어가 보면, 이해하기 가장 어려운 부분이 바로 '역설'이에요. 기독교 신앙에서 가장 큰 기적은 이 역설인데, 사람들은 잘 이해하지 못합니다. 우리가 호의로 받아들일 결과만 기적이라고 하고, 말이 안 되는 역설에 대해서는 잘못됐다고 생각하는 편견 때문에 기독교 신앙을 풍성하게 누리지 못하는 경우가 많습니다. 대표적인 것이 십자가 사건입니다.

예수님은 세상을 구원하러 오신 메시아인데, 십자가에서 죽어 버렸다는 역설에서 세상은 더 나아가지 못하고 턱 막혀 버립니다. 세상이 가진 기대를 깨고 넘어오지 않으면 기독교 신앙으로 들어올 수가 없습니다.

윤_ 기독교가 유일한 답이라고 해서 교회로 들어와 봤더니, 교인들이 비기독교인들만 못한 것 같고, 교회는 기대했던 모습과 달라 더 상처받는 경우가 많습니다. 이런 경험을 가진 이들에게 어떤 말을 해 줄 수 있을까요?

박_ 기독교의 궁극적 자리는 사랑입니다. '하나님은 사랑이시다'라고 하는데, 이 말은 하나님이 사랑하신다, 그러니 하나님이 포기하지 않으신다는 뜻입니다. 하나님은 모든 것을 감수하여 불가능한 영역을 뚫고 넘어오시기까지 사랑하십니다. 그런데 우리는 사랑을 하면 보상을 받고 싶어 합니다. 내가 사랑한 만큼 상대도 나를 사랑해 주길 원하죠. 나는 교회를 사랑하는데 교회는 왜 그렇지 않은가, 라는 생각도 이와 비슷합니다.

예를 들어, 하나님은 다양한 수준에 있는 사람들을

목사로 세우십니다. 학식이 뛰어난 사람 중에서 뽑기도 하시고, 학벌이 낮은 사람 중에서 뽑기도 하십니다. 눈치가 있는 사람을 세우기도 하시고, 눈치가 없는 사람을 세우기도 하십니다. 하나님이 모든 사람에게 은혜를 담을 수 있다고 믿어야 합니다.

기독교의 우월함을 객관적으로 증명할 수 있을까?

윤__ '왜 기독교만이 진리라고 하느냐. 기독교 중에서도 너희 개신교는 왜 그렇게 독선적이냐'와 같은 질문을 받을 때, 우리가 기독교 신앙의 유일성을 표현하는 방식이 마치 일류 대학에 다니는 학생이 자기 학교에 대한 자긍심을 표현하는 것과 같다고 말씀하셨습니다. 그와 관련해서 이런 질문들이 나올 수 있을 것 같습니다.

'너희가 일류 대학에 들어간 건 좋은데, 그 학교에 갔다고 해서 다른 학교를 무시해도 되는 거냐? 그리고 너희는 그 학교에서 최고 학문을 배운다고 하는데, 실제로 너희가 하는 행동은 왜 초등학교도 나오지 못한 사람처럼 배타적이고 편협하냐?' 이런 질문에 대해 어떻게 답해야 할까요?

박__ 사실 이런 질문에 대해 만족할 만한 답은 없습니다. 모든 이들이 수긍할 만한 객관적 근거를 제시해 그들을 논리적으로 설득하는 일은 불가능에 가깝습니다. 우리는 이렇게 말할 수 있을 뿐입니다.

기독교 신앙은 그것이 내포하는 내용과 약속을 다른 종교들과 비교해 봤을 때 그나마 가장 낫다고 말하는 정도가 아니라 그것이 유일한 진리라고 주장합니다. 기독교만이 죽음의 문제를 해결할 뿐 아니라, 기독교만이 법을 넘어섭니다. 법은 매우 소극적이고 부정적인 강제력이라고 할 수 있습니다. 기독교는 훨씬 긍정적으로 사랑해라, 희생해라, 네가 져라, 섬겨라, 라고 말합니다. 그것이 영생이고 영광이며 하나님이 기뻐하시는 것이라고 합니다. 그 일을 하나님이 예수, 곧 당신의 아들을 인간으로 보내셔서 본을 보이심으로 실현하셨습니다. 오직 예수에게서 법을 넘어서는 사랑, 죽음을 넘어서는 하나님의 일하심이 드러납니다. 그런 차원에서 예수를 섬기는 기독교가 유일한 진리라고 이야기하는 것입니다.

우리는 일류 대학이고 너희는 삼류 대학에 불과하다, 이렇게 다른 종교나 사상을 깎아내리자는 것이 아닙니다. 앞에서 말했듯 이런 주장의 확실성을 다른 종교나 종파를 비난하는 것으로 확보할 수는 없습니다. 우리에게는 인간의 운명과 정체성과 명예에 관하여 다른 무엇과도 비교할 수 없는 독특한 약속이 주어져 있습니다. 우리가 그것을 겸손히 증언하고 지켜 내는 것밖에는 다른 방법이 없습니다.

기도

하나님 아버지, 우리의 필요, 우리의 소원, 우리의 각오
보다 큰 하나님의 뜻이 있습니다. 그 아들을 내주신 이
가 어찌 그 아들과 함께 모든 것을 은사로 주지 아니하
시겠습니까. 성경에 그렇게 기록되어 있습니다. 우리가
그런 하나님의 권능과 지혜 속에 중요한 한 인물이 되
었다는 것을 기억하는 믿음의 가족들 되게 하시고, 우
리의 생애를 통해 영광 받아 주시옵소서. 예수님의 이
름으로 기도합니다. 아멘.

2

저 이래도 괜찮을까요?

열려 있고 한계가 없는 기독교

윤_ 어떤 분이 '우리는 자신의 경험과 앞선 누군가의 삶을 통해 배우며 따르는 듯합니다. 그래서 우리는 이루지 못한 소망과 바람들을 가지게 됩니다. 성경이 말하는 우리 삶의 목표는 무엇이며 우리가 도달해야 하는 지경은 어디인가요?'라는 질문을 하셨습니다.

박_ 지금 하신 질문의 의도 중 하나는 성경을 하나의 규범으로 삼아서 신앙생활을, 안심할 수 있는 구체적인 것으로 확보하고 싶어 하는 것이라는 생각이 듭니다. 우선 말씀드리고 싶은 것은 한 번씩 감격하고 만족하는 일이 끝이 아니라 다음으로 나아가는 단계라는 사실입니다. 초등학교나 중학교를 졸업하면 끝이 아니라 다음 학교로 진학하듯 말입니다. 성경 안에는 우리가 만족할 만한 요구와 순종, 또 그에 대한 보상이 있으면서도 그것으로는 풀 수 없는 그다음 일들로 가득합니다. 그래서 여태껏 가졌던 자랑과 자신감이 하루아침에 다 무너지고 새로운 자리로 다시 나아가게 됩니다. 이전의 것이 부족했던 게 아니라 이제 내가 컸으니 그다음으로 넘어가는 겁니다.

초등학생과 중학생과 대학생이 하는 게임이 다르죠. 중학교 1학년과 2학년이 하는 게임이 또 다릅니다. 그러니 성경을 읽을 때에도 내가 자라 감에 따라 성경에 보이는 것들이 그다음 단계로 나아가게 됩니다.

제일 많이 등장하는 것이 율법입니다. 처음에는 율법을 지킴으로써 안심하는 일이 최고로 여겨지죠. 말하자면 공부를 열심히 해야 한다는 식으로 우리를 단련하고 우리의 기초를 단단하게 합니다. 그러나 기독교에서 율법은 최저선입니다. 거기서 은혜, 믿음, 사랑, 이렇게 훨씬 적극적인 데로 나아가야 하는데 그것들은 율법처럼 분명하지 않습니다. 은혜라고 하는 것은 작은 것도 은혜고, 큰 것도 은혜여서 단계를 정할 수가 없습니다.

윤_ 기독교 신앙의 주요한 특징 중 하나가 '모호함'이라는 말씀이신 거죠?

박 — 매우 모호하지요. 그러니 '열려 있다'라고 표현해야 합니다. 기독교 신앙이 말하는 내용은 한계가 없어서, 이걸 설명하려면 더 깊은 나락으로 떨어져야 하고, 그 지점까지 끌어안는 반전이 얼마나 큰지를 묘사해야 합니다. 우리는 조금만 감격해도 되니까 너무 깊이는 내려보내지 말아 달라고 애원하고 싶지요. 성경은 그 부분에 대한 강조로 가득합니다.

예를 들어, 노아 시대에 하나님이 홍수로 사람들을 다 쓸어버리고 노아네 식구만 남겼는데, 그의 후손도 결국 실패하여 바벨탑을 세웁니다. 그래서 하나님은 사람들을 다시 흩어 버리고 아브라함을 부르시지요. 마치 앞의 이야기들을 다 지워 버리고 새로 시작하는 것처럼 느껴집니다. 우리가 오해하는 부분입니다. 우리는 편한 대로 해석해 버리고 말기 때문입니다. 하지만 성경은 여기에 연속성이 있다고 합니다.

평소에는 그렇게 읽히지 않다가 어떤 사건으로 무너져 봐야, 잘한 것과 잘못한 것들, 복 받은 것과 고생한 것들이 서로 대등한 가치를 가진다, 혹은 더 큰 것을 나

타내기 위해서는 이런 일들이 있어야 한다는 성경의 수사법을 배우게 되고 인생이 무엇인지 깨닫게 됩니다. 성경을 그렇게 볼 수 있으려면 꽤 읽어 봐야 합니다. 꽤 살아 봐야 하고요.

성경이 모국어가 되도록

윤ㅡ 어떻게 해야 성경 말씀을 잘 읽고 이해할 수 있을까요?

박ㅡ 성경을 잘 읽을 수 있게 돕는 것은 설교자의 몫입니다. 설교자는 청중과 같은 시대, 같은 조건 속에 있는 사람으로 세워집니다. 설교자는 그 시대의 가장 보편적인 경험과 정황 속에서 생겨나는 자신의 질문을 말씀으로 정리하여 답을 찾아내는 사람입니다. 그 답을 보여 주는 일이 설교자에게 있는 중요한 책임입니다. 그런 설교가 많아야 성경을 잘 읽을 수 있습니다.

요즘은 이런저런 매체를 통해 얼마든지 다양한 목사님들의 설교를 들을 수 있습니다. 어느 경우에나 끌어낼 수 있는 도덕적이고 획일적인 교훈 말고, 좋은 설교자를 통해 그 본문만이 갖는 질문과 정황을 세밀하게 살피고, 내가 겪는 현실에서 공감할 만한 답들을 계속 찾아보십시오. 그러면 유익을 넉넉히 얻고, 성경을 잘

읽게 될 것입니다.

윤_ 좋은 안내자를 찾아 다양하게 들어 봐야 한다는 말씀이시죠?

박_ 그럼요. 똑같은 설교를 들으면서도, 그때 그 설교자가 말하는 정황과 비슷한 정황에 있는 분은 그렇지 않은 분들보다 더 많은 은혜를 받습니다. 그러니 어느 분은 잘한다거나 어느 분은 못한다고 쉽게 평할 수 없습니다. 여러 설교자를 통해서 들으십시오.

윤_ 목사님 보시기에 훌륭한 면모가 있다고 추천해 주실 만한 설교자가 있나요?

박_ 우리는 맛있게 먹었던 특별한 메뉴나 음식점들을 기억합니다. 그러나 우리를 기른 것은 잘 기억나지 않는, 늘 먹는 밥, 늘 먹는 반찬들입니다. 이것들이 우리를 길렀지, 특별하게 기억되는 맛있었던 음식이 우리를 기르지 않았습니다.

특수한 정황에서 감동하며 들었던 설교가 우리의 눈을 뜨게 할 수는 있을지 몰라도, 실제 우리를 키운 것은 밤낮 졸면서 들었던 설교입니다. 그것이 우리의 모국어가 된 것입니다. 외국어를 익힐 때는 문법을 배우고 단어를 외워야 하잖아요. 실력이 없어도 모국어로 박히도록 성경을 읽어 놓고 설교를 들어 두는 것이 중요합니다. 그러면 자신의 모국어가 된 신앙의 언어에 각자의 내용을 실을 수 있게 됩니다.

그때의 실력만큼

윤＿ 어떤 분이 이런 질문을 하셨습니다. 외국에 살면서 한인 교회에 다니다가 목사님들과 장로님들 사이에 생긴 갈등으로 교회가 나누어졌는데, 끝까지 견딘다고 10년을 버티셨다고 합니다. 그러다 어느 순간, 너무 지쳐 있는 자신을 발견하고 결국 조용히 교회를 떠나게 되었다면서 '저 이래도 괜찮을까요?'라고 물으셨습니다.

박＿ 네, 괜찮습니다. 인간이 자신의 한계를 경험하는 것이나 한계에 무릎을 꿇는 것은 결코 헛되지 않습니다. 그때의 실력만큼 하는 겁니다. 거기를 지나면 다음에서야 그 덕분에 컸다는 걸 알게 됩니다. 자신에게 지나치게 낙심하거나 그 일을 만회하려고 애쓰지 마십시오. 그다음 단계로 넘어오면서 자라게 됩니다.

윤＿ 우리가 교회 생활을 하면서 보는 못난 모습들, 그런 것들도 다 자라는 과정이라고 생각하시나요?

박 __ 여러분의 생애를 다시 한번 생각해 보세요. 학교에서는 공부를 잘했는데 집에 와서는 말썽 부리거나, 밖에서는 친구들과 사이좋게 놀았는데 집에 와서는 가족들에게 화내기도 합니다. 이렇게 한 사람이 시간과 공간에 따라 갑이 됐다가 을이 됐다가, 미친놈이 됐다가 훌륭한 놈이 됐다가 합니다. 그 모든 게 일을 합니다.

마치 피아노 건반 같아요. 누르는 건반마다 다른 음이 나죠. 우리를 건반이라고 하면, 우리는 지금 하나님이 어떤 곡을 연주하고 계신지 모릅니다. 우리는 멜로디를 모르고 건반을 두들기니까 나도 듣기 싫고 다른 사람도 듣기 싫은 음을 낼 뿐입니다. 그런데 나중에 보면 피아노가 굉장한 악기라는 걸 알게 됩니다. 어느 곡에서는 한 번도 눌리지 않는 건반이 있습니다. 그렇게 자기 생애를 돌아보게 됩니다.

윤 __ 목사님께서 말씀하시는 내용을 들어 보면, 무엇을 이루기보다 그 과정에서 고군분투하는 것 자체를 소중하게 생각하시는 듯합니다.

박_ 군대에 있을 때 가장 많이 받은 기합이 '선착순 집합'이에요. 선착순 때문에 숨이 차도록 달린 것을 벌이라고 생각했는데, 나중에 보니 그게 체력 훈련이었어요. 선착순 몇 명 안에 들어가는 게 목적이 아니라, 심장을 튼튼하게 하고 체력을 키우는 게 목적이었어요. 그런 것 때문에 원래 자기가 가진 능력보다 더 좋은 실력을 발휘하게 돼요. 자기도 모르게요. 지나고 나면 알게 되는 거죠.

공포를 끌어안는 담대함

윤__ 교회에 다닌 지 얼마 안 됐다는 분이 이런 글을 남겨 주셨습니다. 친구를 통해 교회에 다니게 되었고 하루하루를 감사히 여기며 살고 있는데, 여전히 나아지지 않는 주변 상황이나 조건들 때문에 힘들고, 그럴 때마다 삶을 포기하고 싶은 생각이 든다고 합니다. 어떻게 하면 좋을지 물으셨습니다.

박__ 저는 젊었을 때 많이 아팠습니다. 신학교에 다닐 때는 한 달에 일주일쯤 결석을 했어요. 2학년 때 가장 많이 아팠는데, 그때 교수님들은 저를 공부 잘한 사람으로 기억하지 않고, 병약했던 사람으로 기억합니다. 나중에는 거기에 익숙해져요. 그리고 다른 자리에 갔을 때 그게 중요한 특기가 되더라고요. 희한해요. 그게 이런 일로 쓰일 줄 몰랐다고 느끼는 자리에 가게 됩니다.

저는 주먹 쓰는 일에 소질이 없어서 늘 눈치 보고, 겁먹고, 아첨을 떨면서 견뎠습니다. 그런데 그게 비굴함이나 나약함으로 가지 않고 겸손과 따뜻함을 만들었습니다. 그렇게 했더니 결과가 좋더라고요. 괜히 자존심세워서 한판 붙어, 했으면 별다른 결과가 없었을 거예요. 이건 겸손이나 착한 것과는 다른 겁니다. 그 시대에 남자들의 세계에서는 공부를 잘하거나 힘이 세거나 했어야 하는데, 저는 둘 다 못했을 뿐이에요. 그런데 이제 와서 보니까 오히려 그게 좋은 것이 됐어요. 이런 말로 위로가 될까요?

윤 _ 하나님께서 주시는 고난을 감수하는 것에 대해 담대함보다는 두려움이 커서 고민이라는 분도 계셨습니다. 목사님도 그럴 때가 있으신가요? 그럴 때는 어떻게 해야 하나요?

박 _ 모든 사람이 이 지점에 서 있습니다. 우리가 두려움을 느끼는 것은 그 일이 간절하고 중요한 일이기 때문입니다. 그런 일은 많은 떨림과 낙심, 실패와 공포 속에서 만들어집니다.

  우리는 믿음이나 은혜를 두려움이 완전히 사라지는

것으로 착각하곤 하는데, 그렇지 않습니다. 담대하다는 것은 공포나 두려움을 느끼지 않거나 흔들리지 않는다는 것이 아니라, 그 짐을 지는 것입니다. 담대함이란 공포를 끌어안는 것이죠. 공포로부터 도망가는 게 아닙니다. 그렇게 일상을 살아 내야 합니다. 부족하거나 실패해도 괜찮으니까 계속해서 할 일을 해야 합니다.

기독교 신앙을 가진다는 것은 굉장히 위대한 것입니다. 죽어서 천국 가는 것보다 더 중요한, 지금 살아 있을 때 누려야 하고 책임져야 할 각자의 고유한 자리가 있습니다. 예수님은 결국 십자가를 지고 부활하시는 것이 목적이었지만 33년의 생애를 지내셨습니다. 그 생애가 절대 헛되지 않습니다. 참 놀라운 일이지요. 하나님이 일하시는 신비입니다.

하나님이 육신을 입고 시간과 공간 속에 들어와 평범한 인생 속에 한 실존이 되신 것같이, 각각의 억울하고 답답하고 말이 안 되는 조건들이 바로 우리 각자에게 맡겨진 특별한 자리입니다. 예수님이 하셨던 일을 인류 전체를 동원해서 크고 위대한 드라마로 만들고 계신다는 것이 성경이 하는 이야기입니다. 이 시간을 통해 서로 응원하고 격려하며 멋진 신앙인으로서 위대한 인생을 살아 내는 계기가 되었으면 합니다.

고난은 필수인가요?

윤_ 평소 목사님의 설교를 들으며 큰 위로를 받고 있다는 분이 이런 질문을 하셨습니다. 어느 순간, 하나님은 어차피 고난을 주시는 분이라는 생각이 들었다고 합니다. 그래서 힘들다고 말하거나 도움을 구하는 것이 어렵고, 하나님이 마치 해병대 조교처럼 느껴진다고 합니다. 우리가 겪어야 하는 고난을 벗어나려는 선택과 노력을 하면 안 되는지 물으셨습니다.

박_ 월터 브루그만이라는 구약 학자가 있는데, 그분이 시편에 관하여 쓴 책이 몇 권 있습니다. 우리말로 번역된 것으로는 《시편사색》,《시편적 인간》,《마침내 시인이 온다》 등이 있습니다. 그분이 시편에 꽂힌 것은, 성경은 다 하나님의 말씀인데 시편만 인간의 말이기 때문입니다. 시편은 하나님의 말이 아니라 인간이 울부짖는 소리입니다. 우리는 시편을 기도이자 찬송이라고 미화해서 말하곤 하는데, 월터 브루그만에 의하면 항변이고 분노입니다. 하나님이 그걸 허락하신다고 말합니다.

우리가 분노하고 비명을 지르는 일의 가치는 각자가 맞닥뜨린 정황을 스스로 해결하거나 견딜 수 없다고 인정하는 것에 있습니다. 더는 어쩌지 못하는 상황에 몰리게 되면 '내가 믿는다고 고백한 하나님은 누구신가. 내가 알고 이해하던 것과는 무엇이 다른가. 내가 무엇을 모르고 있는 걸까?'라는 질문을 하게 됩니다. 이렇게 되려면 비명을 질러야 한다는 것이죠. 분노하고 항변하라는 것입니다.

이 부분은 한국 사람들의 정서와 잘 맞지 않습니다. '어떻게 하나님 앞에 감히 대들라는 말인가' 이런 생각이 먼저 듭니다. 그런데 성경은 그렇게 하라고 요구합니다. 창세기에 보면 하나님이 야곱과 씨름하십니다. 이해하기는 어렵지만, 감히 야곱이 하나님을 이겼다고 말합니다. 하나님이 야곱을 대등하게 대우하신다는 뜻입니다. 기독교의 가장 대표적 가치인 사랑과 믿음은 서로 대등한 관계에서만 가능한 것입니다. 물론 존재는 대등할 수 없습니다. 그러나 관계로는 대등합니다. 사랑과 믿음은 대등한 관계가 아니면 할 수 없습니다. 그렇지 않으면 굴종이 됩니다.

그러니 이 질문을 던지신 분은 이런 내용을 더 생각해 보면 좋겠습니다. 아마 이렇게 묻고 싶겠죠. '왜 나한테만 그러세요?' 그런데 사실 이런 질문을 하는 사람은 소수입니다. 대부분은 그냥 적당히 믿고 지나갑니다. 그 소수의 사람을 하나님이 선택하십니다. 예를 들어 배에 탄 사람은 많지만 일을 하는 사람은 상대적으로 소수인 선원들입니다. 하나님이 소수의 사람을 선원으로 불러서 다수의 사람을 태워 보내십니다. 그러니 너무 억울해하지 마십시오.

윤＿ 이분은 계속 억울하실 것 같은데요. 선원 말고 그나마 편하게 승객으로 살게 해 달라고 이야기하고 싶을 것 같습니다.

박＿ 사도 바울이 고린도 교회의 교인들에게 '너희는 하나님의 밭이요 하나님의 집이니라'(고전 3:9)라고 말합니다. 그들이 자녀입니다. 그들을 키우기 위하여 하나님이 바울을 동역자로 불렀다고 합니다. 기독교 신앙에서 최고 경지는 하나님이 일하시는 데 동참하는 것입니다.

장차 하나님이 우리에게 새 하늘과 새 땅을 주실 것입니다. 그 종말의 날까지 예수님이 이루신 구원을 모든 인류에게 주기 위해서 우리를 부르셨다고 합니다. 그것을 '제자도'라고 부릅니다. "너희가 가서 저들을 불러내라. 내가 와서 너희를 부른 것처럼 너희도 가서 불러내라." 예수님이 다 이루고 끝내는 것이 아니라 예수님이 시작해 놓고 가시면 제자들이 이어받아서 하는 것입니다. 이천 년 동안 교회가 해 온 일입니다.

　그러니 우리가 받는 고난이 우리를 더 위대하게 만들고, 하나님이 우리를 함께 일하는 동역자로 부르신다고 생각하면 우리의 태도와 반응이 좀 달라지지 않을까요?

게임은 나쁜 건가요?

윤__ 어떤 분이 '게임은 나쁜 취미인가요?' 하고 물어보셨습니다. 목사님께서는 어떻게 생각하시나요?

박__ 게임 자체가 문제의 핵심이 아닙니다. 절제하는 실력이 있는지가 핵심입니다. 문제의 원인을 게임에다 덮어씌우지 말고 본인이 조절 능력을 길러야 합니다.

좋지 않은 직업에 종사합니다

윤_ 청년부를 담당하는 전도사님이 질문하셨습니다. 어떤 청년이 '하나님이 원치 않으시는 직업에 종사해도 되나요?'라고 물었다고 합니다. 술집이나 유흥가와 비슷한 서비스업에 종사하고 있는데, 거기서 벗어나기 힘들어하는 청년에게 사역자로서 어떻게 답하면 좋을지 묻는 질문입니다.

박_ 양심의 가책과 수치심을 갖고 일하라고 하십시오. 먹고살아야 하는 것은 첫 번째 책임입니다. 생명을 보존하고 유지해야 합니다. 명분이나 자존심을 세우는 말로 분통을 터뜨리거나 변명하지 마십시오. 하나님이 하시는 일에는 우리가 보기에 말이 안 되는 게 너무 많습니다. 성경이 갖는 가장 큰 수사(修辭)는 역설입니다. 하나님이 죽는다는 것 자체가 말이 안 됩니다.

먹고살아야 한다는 최고의 사명을 일단 감수해야 합니다. 일이 뜻대로 되지 않을 때, 죽어 버리는 것은 최선이 아닙니다. 살아 있는 것이 더 힘들지만, 그래도 살아야 합니다. 하나님이 자살만도 못한 것 같은 인생을 왜 요구하시는지, 끝을 보겠다는 마음을 갖는 게 믿음입니다. 신자의 삶은 결코 손해 보지 않는다는 약속을 믿는 것이죠. 먹고사느라 인간답게 살지 못했다고 생각하며 참고 견딘 시간이 나중에 더 큰 열매를 맺는다는 믿음을 갖기 바랍니다.

윤 — 먹고사느라 인간답게 살지 못했다는 고백이 나중에 더 큰 걸 만든다는 말씀이시죠?

박 — 바울이 밤낮 '나는 만삭되지 못하여 난 사람이고, 죄인 중에 괴수'라고 했는데 사람들은 그 말을 인용하면서도 그게 무슨 말인지 모릅니다. 바울은 실제로 부끄러운 짓을 저지른 사람입니다. 그의 업적 때문에 그게 다 미화돼서 넘어갔죠. 바울이 자신의 실체와 맡은 사명 사이의 갈등을 어떻게 견뎠을지 생각하면 가슴이 아픕니다.

부유한 사람에게 박탈감을 느껴요

윤_ 현대 사회는 물신주의가 팽배해졌습니다. 조물주 위에 건물주라는 말도 있습니다. 다들 부자가 되고 싶어 하는 현실이지만 그런 특권은 극소수만 누리기에 보통 사람들이 갖는 상대적 박탈감도 점점 커지는 것 같습니다. 돈에 대한 목사님의 견해를 듣고 싶습니다.

박_ 부와 건강을 소망하는 것 자체는 잘못이 아닙니다. 돈 없이 살 수 없습니다. 먹고 입고 자는 모든 일에 돈이 필요합니다. 하지만 이 말은 경제적 바탕이 없으면 살기 어렵다는 뜻이지, 돈이 우상이 돼도 된다는 뜻은 아닙니다.

돈에 빠져 더 깊고 가치 있는 인생의 질문을 하지 않을 때 돈이 우상이 되고 맘몬이 신이 되어 버립니다. 그런데 그 지경은 아니더라도 돈을 최고의 가치이자 사상으로 삼는 일은 현대 사회에서 너무나 당연한 현실입니다. 하나님을 모르면, 짧은 인생을 살다가 죽으면

그만인데 무슨 대의나 희생 같은 가치를 받아들이겠습니까?

치열한 경쟁에서 내가 낙오했다고 해서 현대 사회의 물신주의를 비판하며 위안을 받으려고 하는 건 조심해야 할 태도 중 하나입니다. 오히려 나는 어떻게 살 것인가, 돈보다 더 큰 가치란 무엇인가를 진지하게 고민하며 자신과 자기 인생을 돌아보는 계기로 삼아야 합니다.

믿지 않는 남자친구와 결혼해도 괜찮은가요?

윤__ 개인적인 질문을 하신 분도 있습니다. 남자친구와 곧 결혼할 예정인데, 남자친구는 질문자의 손에 이끌려 교회에 두 번 나간 게 전부라고 합니다. 이 사람과 결혼하게 되면 신앙인으로 잘 살면서 좋은 영향을 줘야겠다고 다짐하지만, 한편으로는 조금 두려운 마음도 있다고 합니다. 이런 경우에 결혼해도 괜찮을까요?

박__ 무조건 하십시오. 아내를 이기는 남편은 없습니다. 걱정하지 마십시오.

윤__ 배우자를 위한 기도를 해야 하는지 묻는 사람들도 꽤 있습니다. 목사님은 결혼 전에 배우자를 위한 기도를 하셨나요?

박__ 사람이 나이가 들어 배우자를 필요로 하는 것은 정상입니다. 당연히 기도해야 할 문제이지요. 그런데 제 경우에는 그럴 틈이 없었습니다. 훨씬 더 급한 도전과 질문들이 많았습니다. 저는 제 아내와 만나서 1년 만에 결혼했는데 그 전에 기도하고 어쩌고 할 틈이 없었습니다. 그냥 어느 날 보니까 벌써 애가 둘이나 있더라고요. 당시 정신없이 신학교에 다니면서 전도사로 생활하고, 조금 지나서는 개척 교회에서 일하느라 이런 질문에 답할 만한 경험을 쌓지 못했습니다. 그리고 저는 젊었을 때 대부분의 시간이 분노로 가득 차 있었습니다.

답 없는 교회에 대한 분노

윤_ 무엇 때문에 그렇게 분노하셨어요?

박_ 그때 제가 가졌던 질문에 대해 교회가 응답해 주지 않았습니다. 상당히 오랜 시간 교회에 다니며 확신한 내용이 많았기 때문에 정말 하나님이 있냐고 물을 수는 없었습니다. 단지 '하나님이 계시다면 왜 이런 일들이 벌어지는가'라고 질문했습니다. 그런 질문들은 교회 안에서 꺼내 놔도 되고, 꺼내 놔야만 하는 질문이라고 생각합니다.

그런데 그 당시는 교회 안에서 그런 질문을 들어 주거나 제 물음에 답해 주는 사람이 없었습니다. 그렇게 물으면 크게 잘못하는 분위기였습니다. 그래서 하고 싶은 질문을 감추고 살았습니다. 그러다 제가 설교를 할 수 있게 되자 그 질문들을 꺼내기 시작했지요. 소리를 질렀습니다. 그런데 신기하게 사람들이 시원해했어요. 오래도록 밀폐되어 있던 방의 문이 열린 기분이었습니다.

제가 답을 준 것은 아니었지만, 목사라는 사람도 같은 고민을 한다는 것을 알고는 안심했습니다.

지금도 여전히 질문하고 답을 찾는 과정을 겪고 있습니다. 하나님은 제가 이 정도면 된 것 같다고 생각하는 단계에 머물지 못하게 하십니다. 이 정도면 된 것 같다고 여겼던 자리에서 금방 다음 단계로, 또 그다음 단계로 저를 옮겨 가십니다. 그래서 더 넓어지고, 더 막막해집니다. 하지만 이제는 제 몫, 제 자리를 알게 되었습니다. 그래서 할 수 있는 것들을 잘하기로 마음먹었습니다. 예전보다 더 많이 보지만, 걸음은 늘 한 걸음씩만 가는 겁니다. 시선은 저 먼 곳을 향해 있지만, 몸은 오늘 걸어야 하는 한 걸음을 내딛는 것입니다. 젊었을 때는 발 앞만 보기 급급했지만, 이제는 좀 나아졌습니다.

윤__ 이와 비슷한 고민을 하는 분들이 목사님의 설교에 크게 공감하는 것 같습니다.

박__ 내용으로 공감하는 게 아니죠. 성질을 대신 내 줘서 좋아하는 거죠.

윤_ 요즘은 왜 성질을 안 내 주시냐고, 서운하다고 하시는 분들도 있습니다.

박_ 이제는 기운이 떨어졌어요.

어른으로서 져야 하는 책임

윤 ─ 아까 목사님께서 '내 몫'을 알게 됐다고 말씀하셨는데요. 목사님의 역할과 몫이 무엇이라고 생각하시나요?

박 ─ 신앙생활을 할 때 가장 염두에 두어야 할 것은 우리의 가치 기준이 완전히 바뀌어야 한다는 점입니다. 우리는 성경이 말하고자 하는 내용을 이해하거나 표현할 때 세상에서 사용하는 단어를 가져와 쓸 수밖에 없지요. 그러다 보니 성경에 나온 단어의 정의도 세속적입니다. 대표적으로 '믿음'이라는 단어가 그렇습니다. 성경이 말하는 믿음은 인과율로 설명할 수 없습니다. 원인에 따른 결과라는 법칙이 아니라, 하나님의 방법이라는 것이지요. 법의 개념과는 전혀 다른 차원의 개념입니다. 성경에서 법과 대비되어 쓰이는 단어는 은혜인데, 은혜에는 책임이라는 뜻이 없습니다. 그런데 믿음에는 책임이라는 의미가 어느 정도 들어 있습니다.

저는 믿음이란 '은혜에서 시작하여 책임으로 완성되

는 것'이라고 정의합니다. 책임이 조건이 아니라 결과, 열매인 것입니다. 믿음은 하나님 쪽에서 시작하셔서 내 것이 되는 것입니다. 그리고 내 길은 결국 내가 걸어서 도달해야 하는 신앙의 과정입니다.

앞으로 한국이라는 나라와 한국 교회는 어디로 갈 것인지 물으면 저는 모르겠습니다. 어떻게 해야 할지 물어도 모르겠습니다. 하지만 오늘 하루 제게 주어진 일이 있다는 것은 분명히 알고 있습니다. 저에게 오늘 하루의 몫이 분명하게 있지요. 그것을 모른다는 핑계로 도망가면 안 됩니다. 오늘의 몫을 미루면 다음 날 배로 해야 합니다. 아무리 크고 중요한 질문이 있다고 해도, 오늘 하루의 몫만큼 하는 것이 제 역할이라고 생각합니다.

윤_ 어른으로서 목사님이 더 잘하려고 노력하시는 일은 무엇인가요?

박_ 제일 중요하게 생각하는 것은 사람들로 견디게 하는 겁니다. 예를 들어, 한 공동체 안에서 두 세력으로 나

뉘어 싸울 때가 있지요. 그때 공동체가 갈라지지 않게 하는 겁니다. 네 말이 맞아, 그리고 네 말도 맞아, 라고 말해 줍니다. 둘을 타협시키거나 화해시키는 차원이라 기보다 한 공동체에서 생각이 다른 사람들이 갈리지 않 고 한 지붕 밑에 있도록 하는 게 저에게는 가장 중요한 일입니다.

윤 __ 그러다 보면 양쪽 모두에게 비난을 받는 일도 발 생하지 않을까요?

박 __ 그렇죠. 그런데도 갈라서지 말라고 하는 것은, 어른 들이 젊은이들에게 아무리 힘들어도 자살하지 말라고 권유하는 것과 같습니다. 하나님의 일은 시간이 오래 걸리고 경우가 다양할수록 유익입니다. 그러니까 일찍 끝내 버리지 말라는 것이죠.

　아가사 크리스티(Agatha Christie)의 작품들이 영화 로 만들어진 게 여러 개 있습니다. 그런 추리 영화를 볼 때 다들 누가 진범인가에 꽂혀 있는데, 영화를 다시 보 면, 살인을 왜 했는지가 더 중요합니다. 감춰져 있던 살인 동기가 밝혀져야 합니다. 우리는 살인범을 찾느라 나머지를 놓치고 맙니다. 누가 원한을 갖게 되며, 왜 범죄를 저지르게 되었는가가 없으면 진범을 가려내는 일은 의미가 없습니다. 범죄를 저지르게 된 동기, 즉 시대적, 사회적, 개인적 관계에서 발생한 원한이 드러나는 과정이 중요합니다.

그런 방식으로 하나님이 우리에게 많은 과정을 지나게 하십니다. 우리 인생에 반드시 우여곡절이 있게 하시는데, 그때마다 반전과 놀랍고 새로운 일들이 일어납니다. 기대하지 않았던 열매들이 맺힙니다. 이런 과정을 모르고 쉬운 결론으로 빨리 끝내자고 하는 이들을 볼 때마다 답답합니다. 어른이 되지 않고, 진지한 열정으로만 뭉쳐서 자기가 아는 것 하나만 붙잡고 끝까지 우기는 일은 삼가야 합니다.

특히 자신과 처지가 다르고 견해가 다른 사람과 대화하지 못하는 것을 넘어서야 합니다. 내 인생이 있듯, 상대방의 인생이 있습니다. 피해자가 있듯 가해자가 있습니다. 피해자가 보상을 받으면 끝이 아닙니다. 가해자는 왜 가해자가 됐는지도 알아야 합니다. 그렇게 서로에게 공감하는 일이 우리 인생에 필요한 과정이라고 성경은 말합니다.

깊은 이해와 공감을 가지려면

윤＿ 가해자의 처지를 이해하는 지경까지 가야 한다는 말씀은 놀랍게 들립니다. 그렇게 깊은 이해와 공감을 갖기 위해 우리가 애쓰거나 연습해야 할 부분이 있을까요?

박＿ 피해자의 처지에 있을 땐 피해자일 수밖에 없고, 가해자의 입장일 땐 가해자일 수밖에 없습니다. 둘을 다 공감하고 포용하려면 우선 나이가 들어야 합니다. 지식이나 논리를 빨리 익혔다고 되는 일이 아닙니다. 우리는 모두 자기 인생에서 피해자가 되기도 하고 누구에게 가해자가 되기도 합니다. 이런 경험을 가지려면 오래 살아야 하죠. 기도만 해서는 안 되고, 살아남기 위해 발버둥을 쳐야 합니다. 돈도 벌어야 하고요. 그렇게 살면서 하나님이 일하시는 것을 끝까지 봐야 합니다.

윤＿ 지금 교회가 바로 서지 못해서 비난받는 민망한 현실이나, 이전에는 성공의 공식이라고 생각했던 신앙의 방편들이 더는 유용한 도구로 여겨지지 않아 겪게 되는 당황스러운 시간들에 대해서도 결론을 빨리 내리지 말고 잘 견디라는 말씀처럼 들립니다.

박__ 견딘다고 말할 것도 없어요. 그냥 할 말이 없지요. 예를 들어, 노방 전도를 하는 것은 대단한 일이지만 그게 다라면 곤란합니다. 순교적 열심을 보이는 것 역시 대단한 일이지만, 그것만이 신앙에서 최고의 내용과 방법이라면 곤란합니다. 죽는 것이 아니라 사는 것이 최고의 내용입니다. 죽음만도 못한 삶 속에서 하나님 이 어떤 열매를 맺으시는지 지켜봐야 합니다.

자녀를 위해 어떻게 기도해야 할까요?

윤_ 어떤 분이 이런 질문을 하셨습니다. '목사님은 자녀를 양육하실 때 어떤 기도를 하셨나요? 자녀가 시험을 잘 보기를 바라거나, 훌륭한 사람이 되기를 바라는 기도는 너무 이기적인 걸까요?'

박_ 자녀를 기르면서 그때그때 직면한 현실 문제를 두고 기도하는 것은 당연히 옳습니다. 공부를 잘해야 하고 건강해야 하고 시험 보는 날은 교회 안 가도 된다고 해도 괜찮습니다. 대신 부모가 열심히 기도하십시오.

사람이 사춘기를 지나야 그리고 고민을 해야 비로소 성인이 되듯이, 기독교 신앙에 들어가기 위해서도 과정이 필요합니다. 그래서 나중에 돌아보면 한 사람이 신자가 되는 일에 모태 신앙인지 중간에 믿게 되었는지는 어떤 특별한 차이를 가져오는 조건이 아니었음을 알게 됩니다. 둘 다 장점이 있을 뿐 약점은 없습니다. 어느 쪽이든 손해 보지 않는다는 것을 기억해 두기 바랍니다.

가족 중 누가 이단에 빠진 경우

윤— 가족 중에 이단에 빠진 사람이 있는데 이 경우에
는 어떻게 하면 좋을지 묻는 분이 있습니다.

박— 이단이 통상적인 사회도덕이나 윤리 질서를 벗어
나 있을 때는 강제력을 동원해야 합니다. 다만, 그들 나
름대로 갖는 종교적 신념이 우리와 달라서 긴장 관계
를 일으키는 경우라면 괜찮습니다. 이단이 괜찮다는 말
이 아니라, 그것도 하나의 과정이라는 말입니다.

　이단이란 신앙의 균형을 잃은 것입니다. 그런데 건강
한 교회 안에서 신앙생활을 해도 우리 마음은 왔다 갔
다 합니다. 그럴 때 참된 신앙을 가진 이들이 넉넉함을
보여야 합니다. 너무 강하게 반대하면 상처가 더 커집
니다. 특히 가족 간에 상처가 커지면, 돌아올 명분을 잃
게 되고 돌아올 기회는 더욱 축소됩니다. 이것을 기억
하십시오. 이단은 진리가 아닙니다. 그러니 지속되지도
않습니다. 이단은 역사성이 없습니다. 신앙의 다양한

면모 중 어느 특정한 사항 하나에 꽂혀서 열심을 내는 경우가 허다한데, 시간이 지나면 상식과 교양에서 큰 허점이 드러나기 때문에 결국에는 돌아오게 됩니다. 그러니 돌아올 수 있게 문을 좀 열어 두어야 합니다.

기도

하나님 아버지, 우리 모두 어려운 시기를 지나고 있습니다. 하지만 인생이 형통하기만 하면 잘못된 것입니다. 형통하면 누가 하나님을 찾으며, 행복하면 누가 고민을 하겠습니까? 우리가 원통한 것은 우리가 가진 영혼의 갈증을 세상에서는 해결할 수 없기 때문입니다. 그러니 우리의 고통과 비명에 하나님이 답하시고, 하나님이 우리에게 그 답을 만들어 가는 중이라는 것을 알게 하심으로 우리가 사는 시대 앞에서 우리 각자가 하나님의 커다란 기적으로 서게 하여 주시옵소서.

고난을 겪고 있는 한국 사회와 교회와, 오늘도 진리와 생명과 기적을 찾아 하나님 앞에 갈급한 심령으로 함께 모인 하나님의 자녀들 위에 하나님께서 복 주시고 승리하게 하시고 그날까지 견딜 믿음을 주시옵소서. 예수님 이름으로 기도합니다. 아멘.